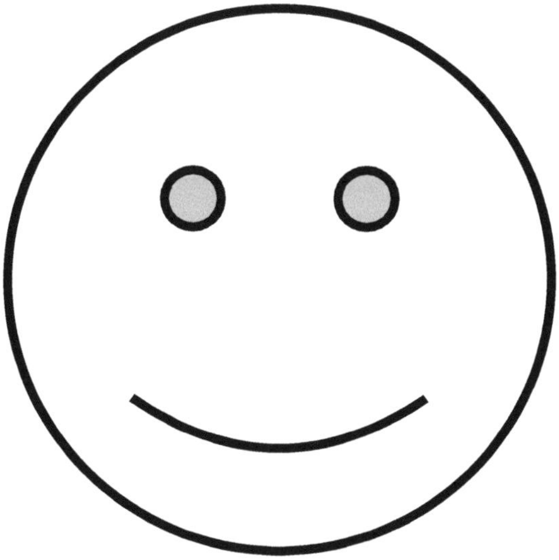

Malheft ab 12 Jahre

Impressum:

Herstellung und Verlag:

BoD – Books on Demand, Norderstedt

ISBN: **9783755794943**

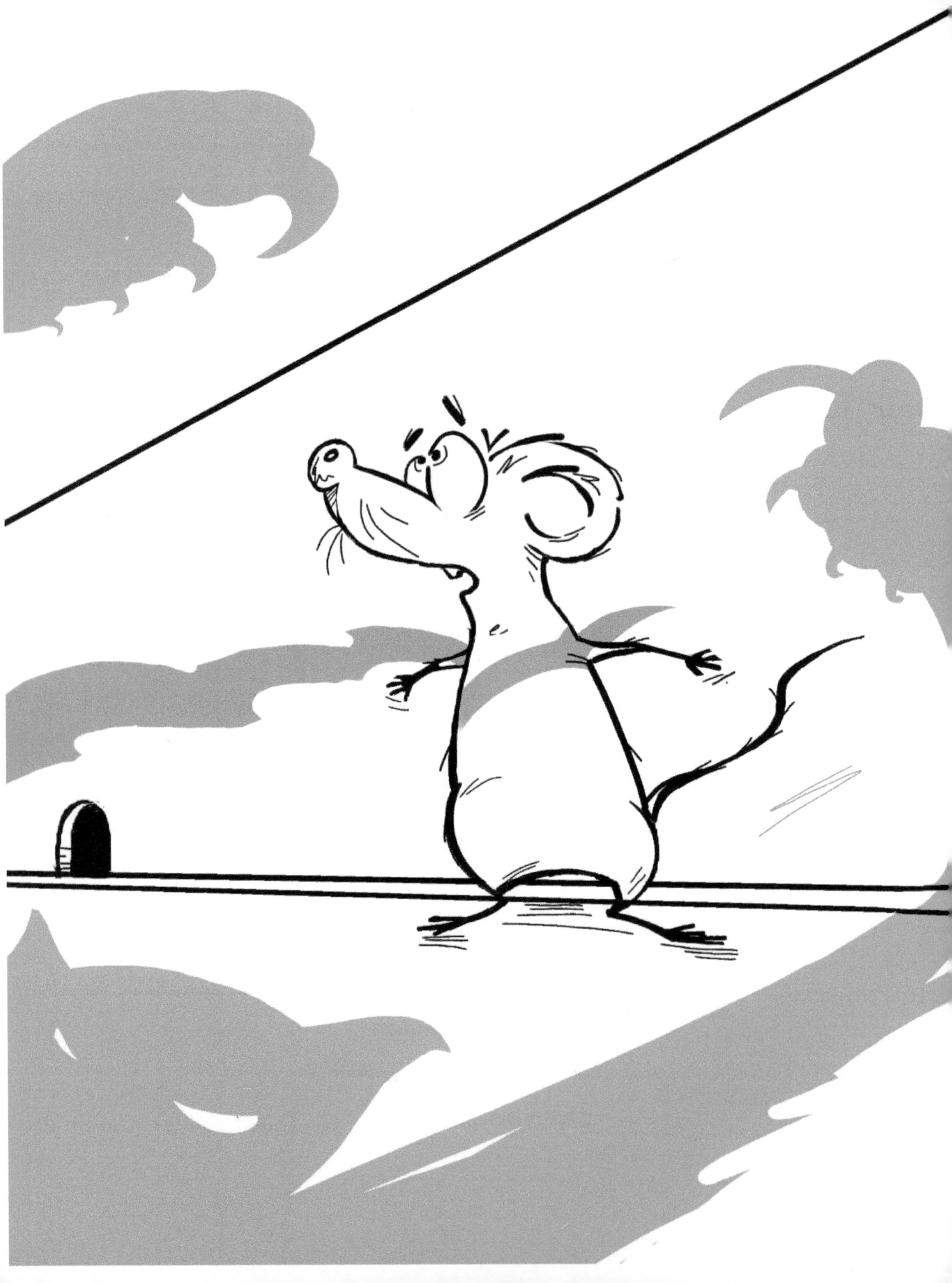

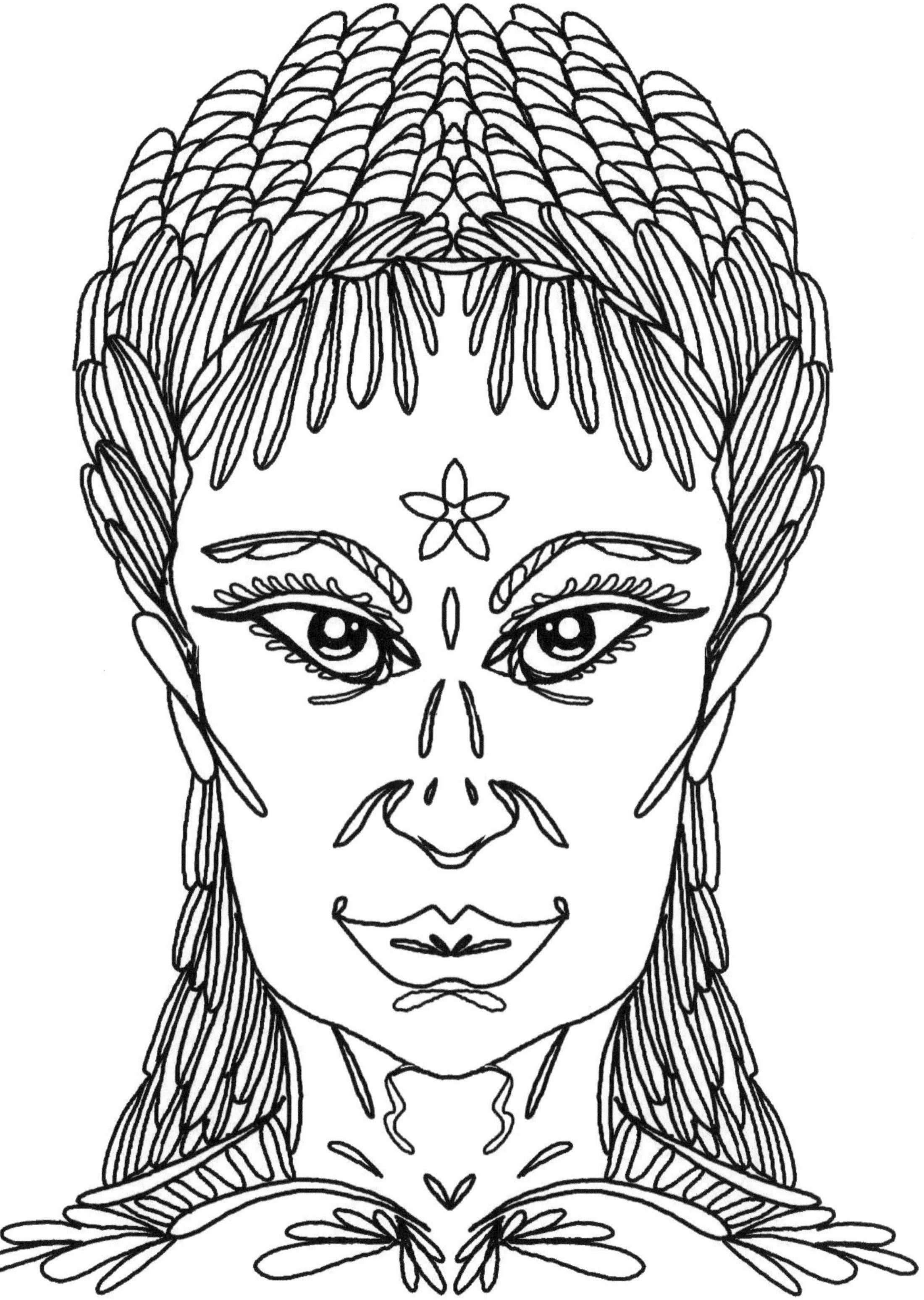

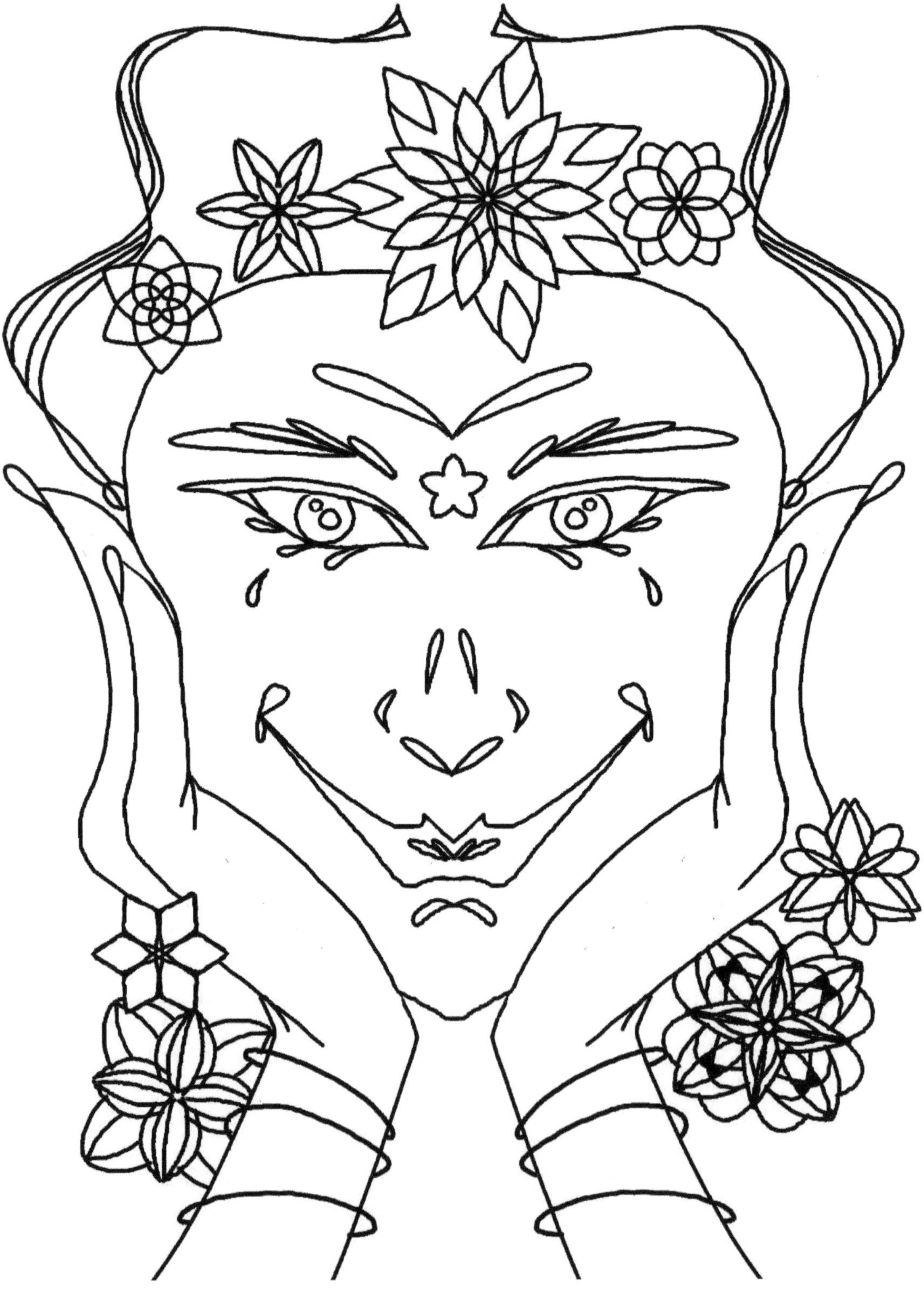

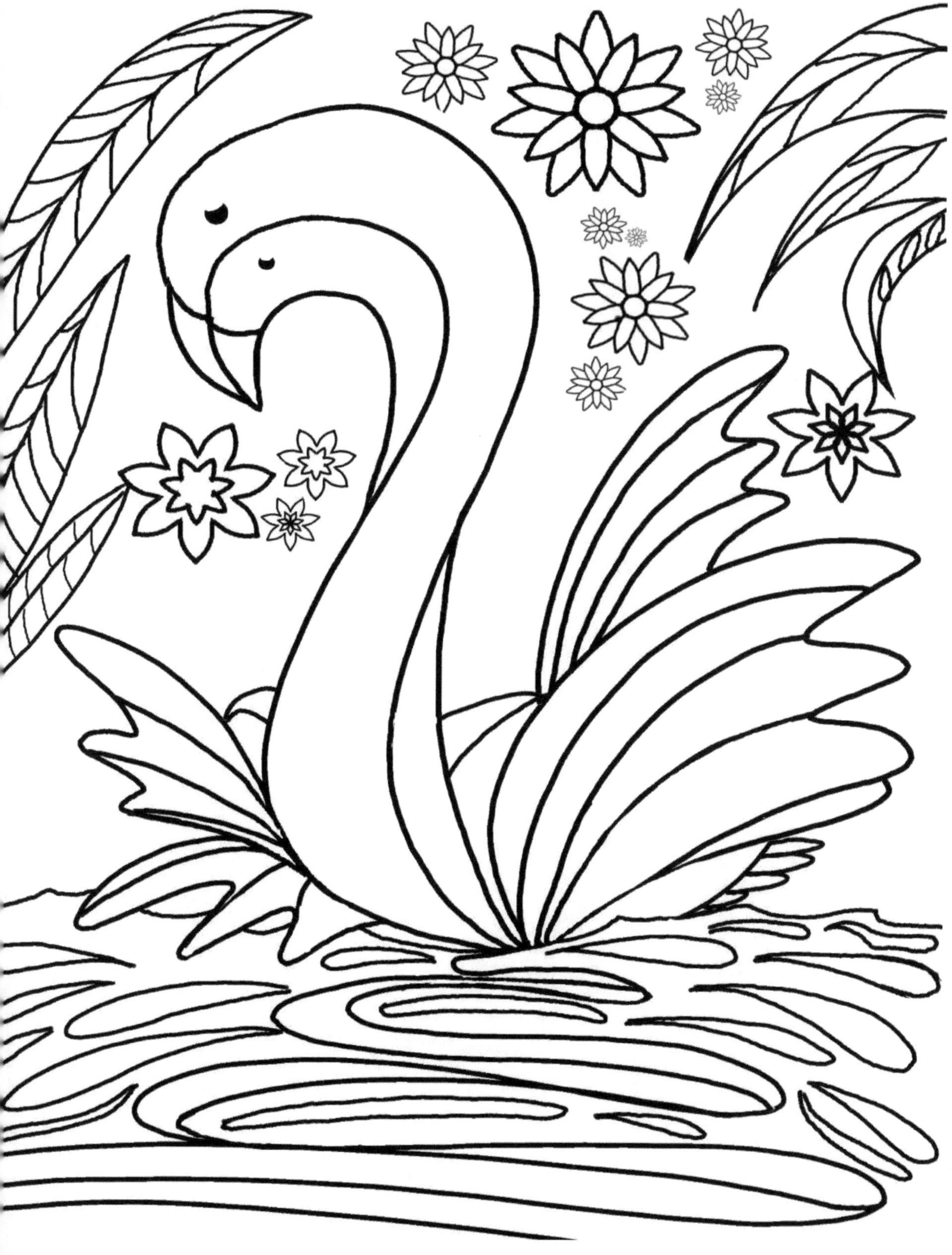

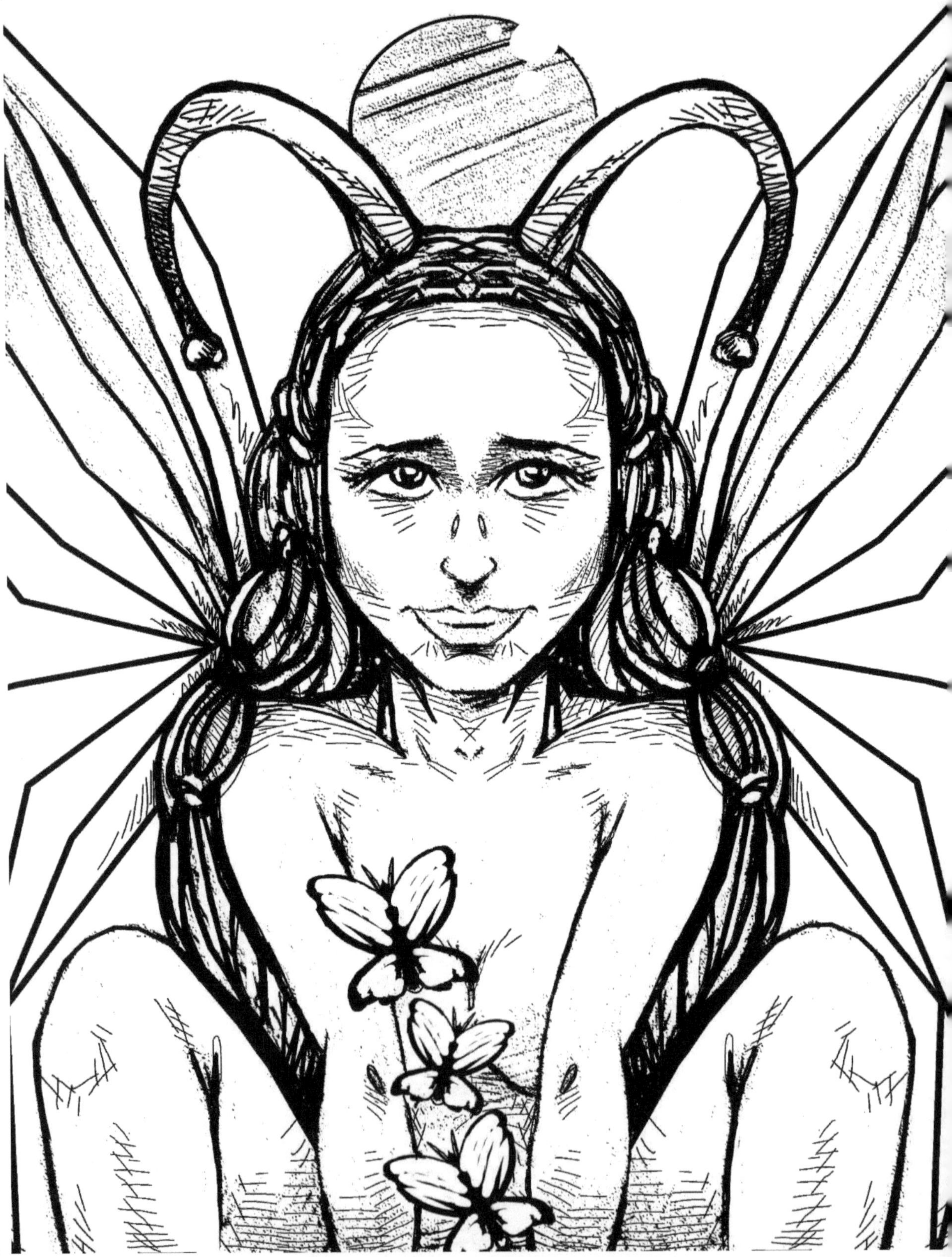

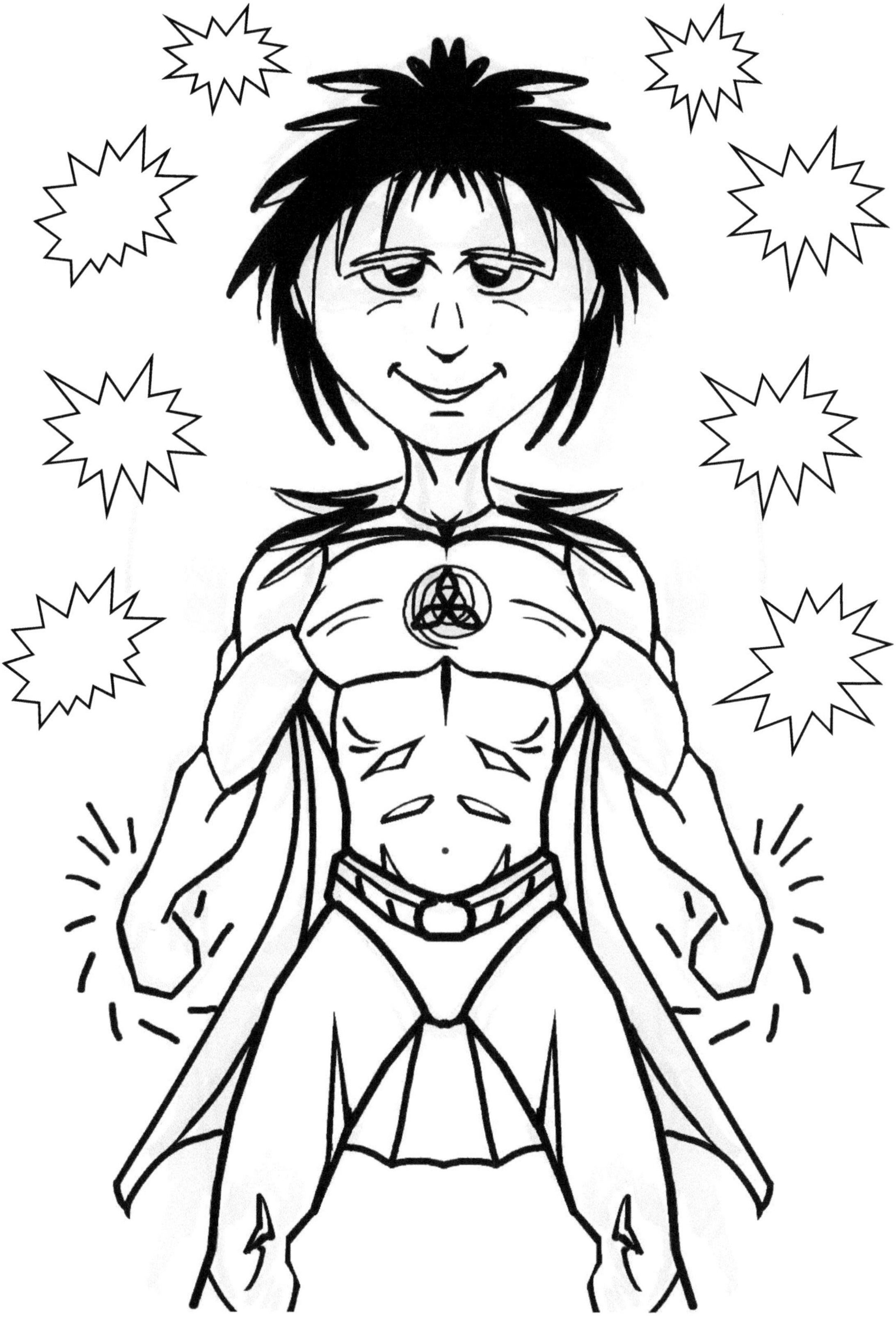

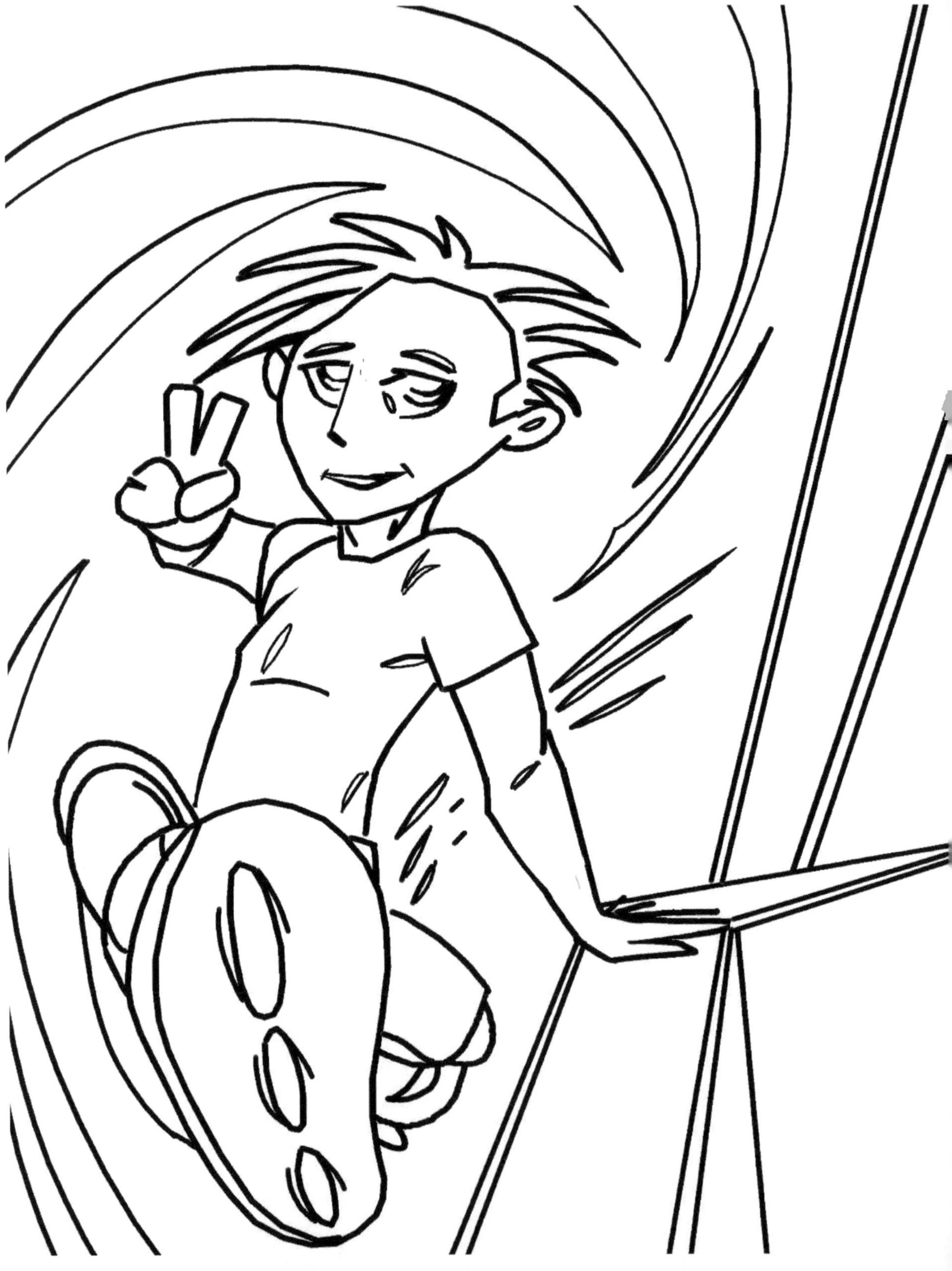

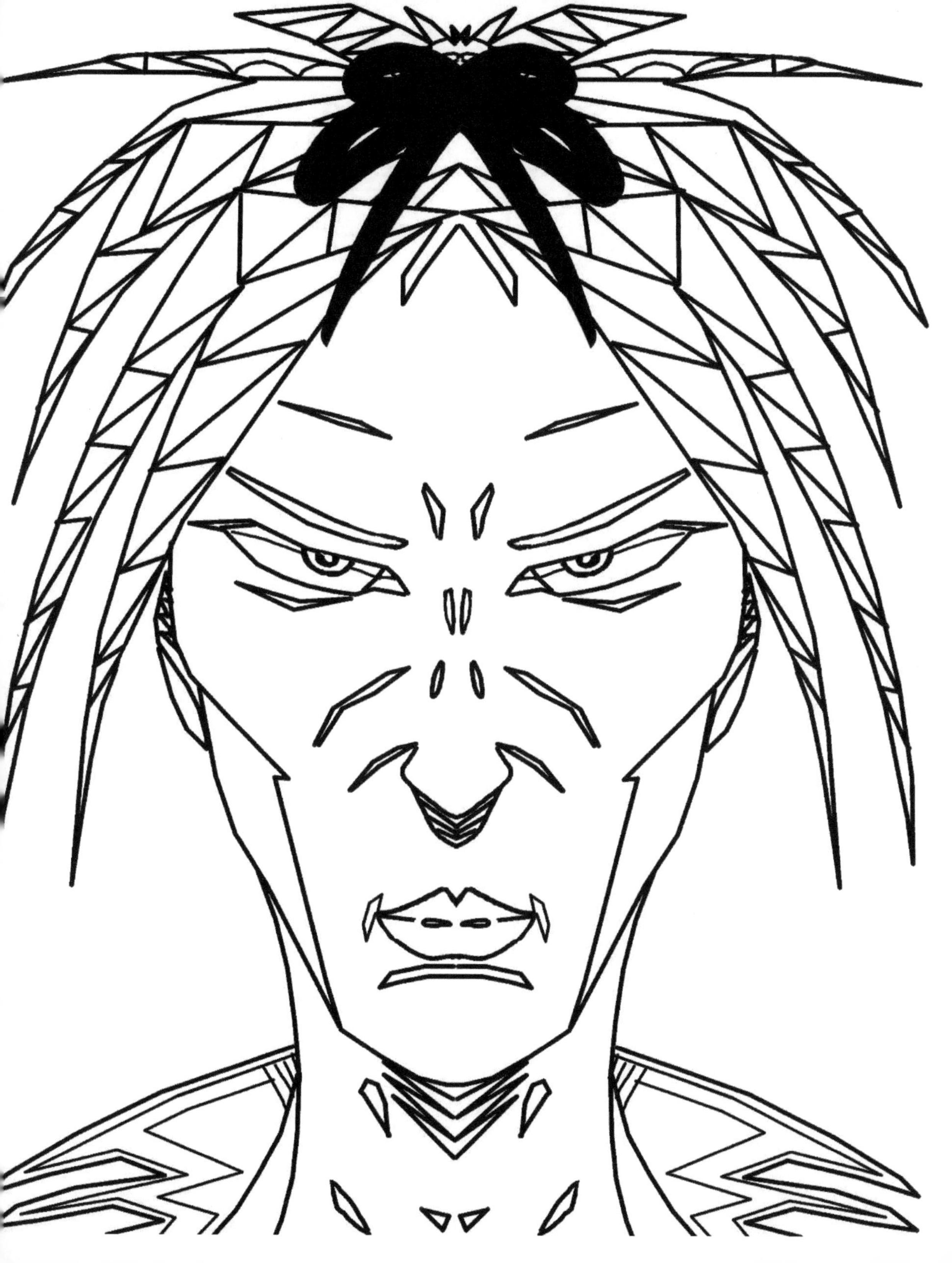

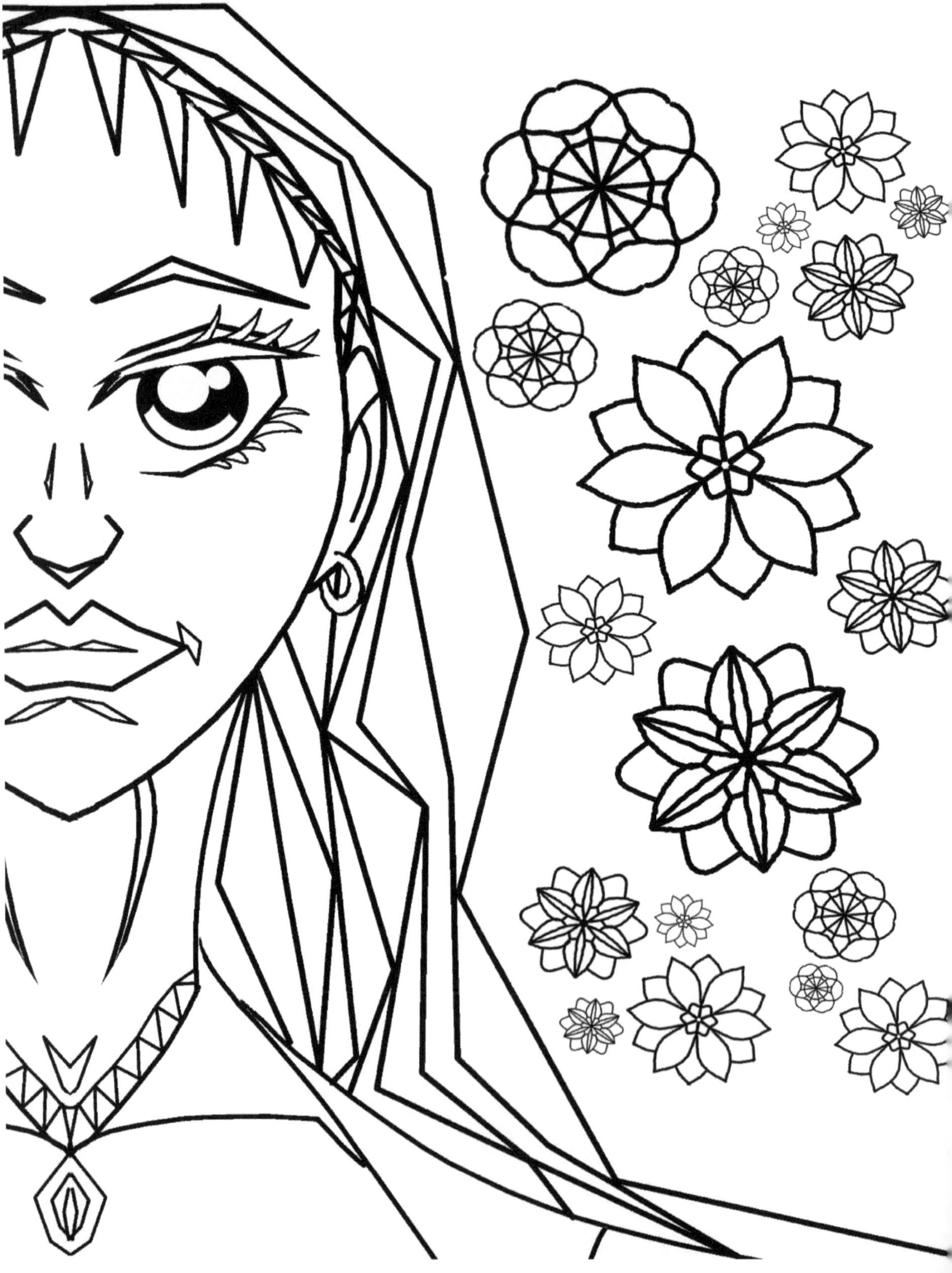

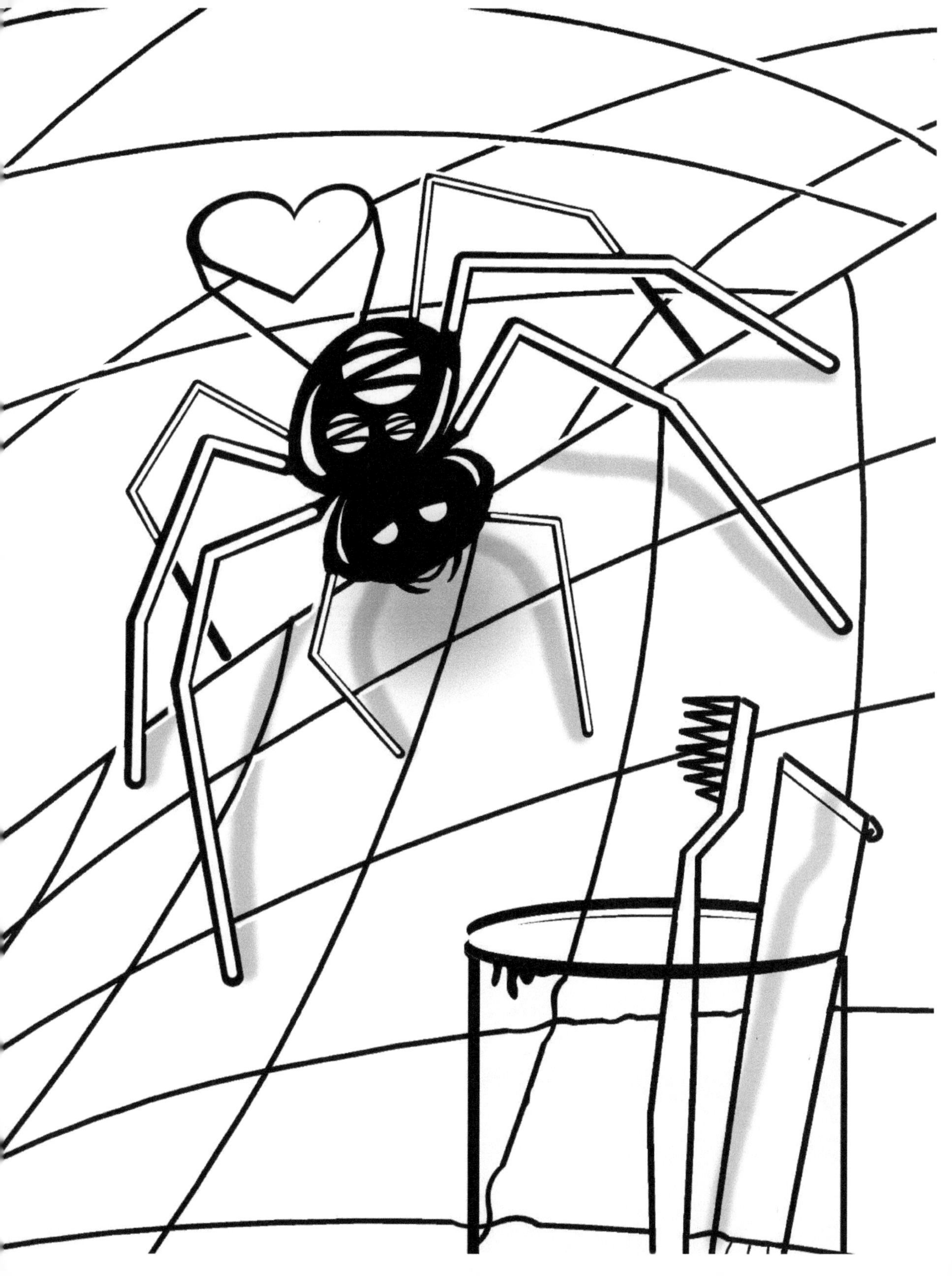

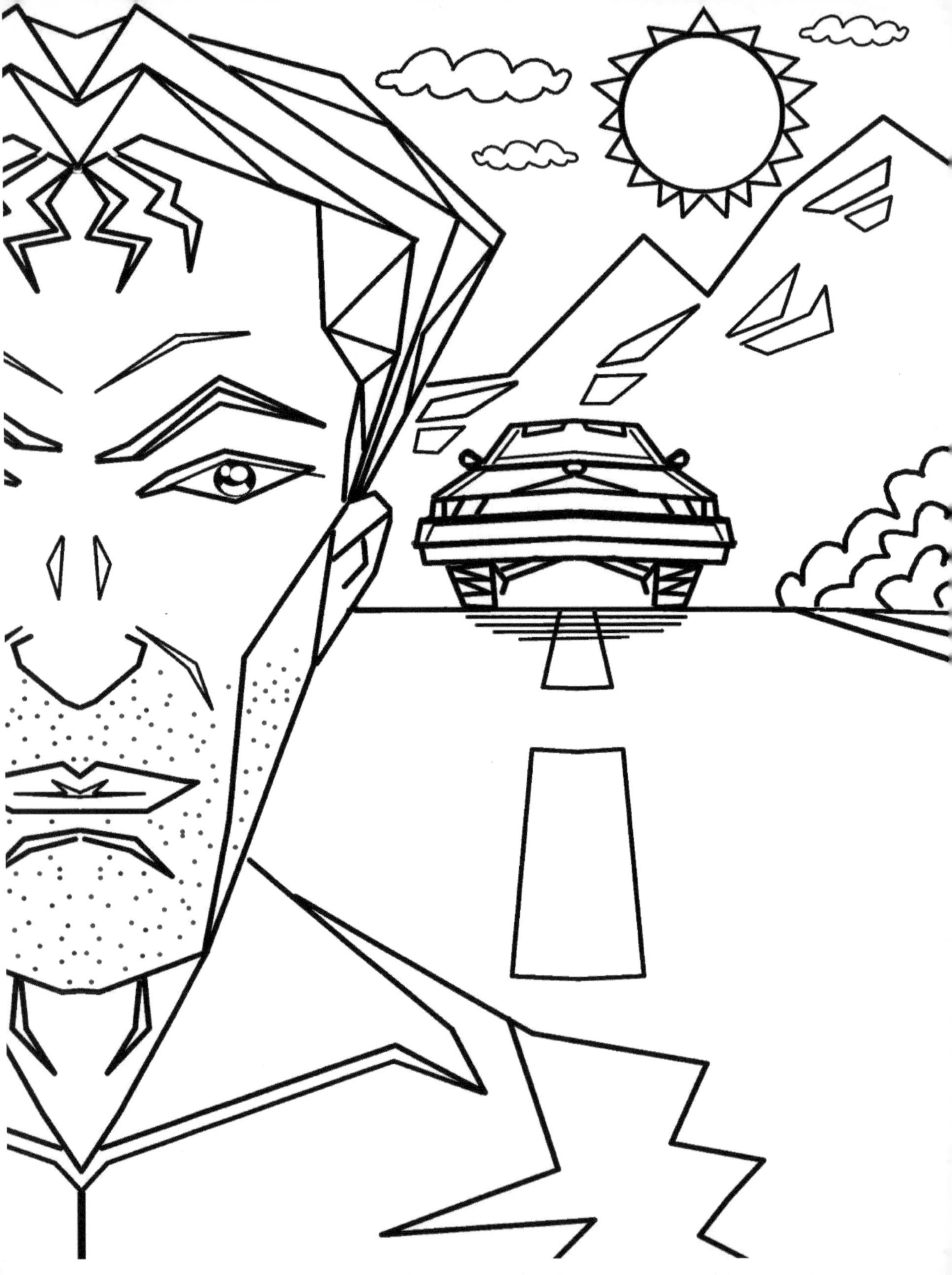

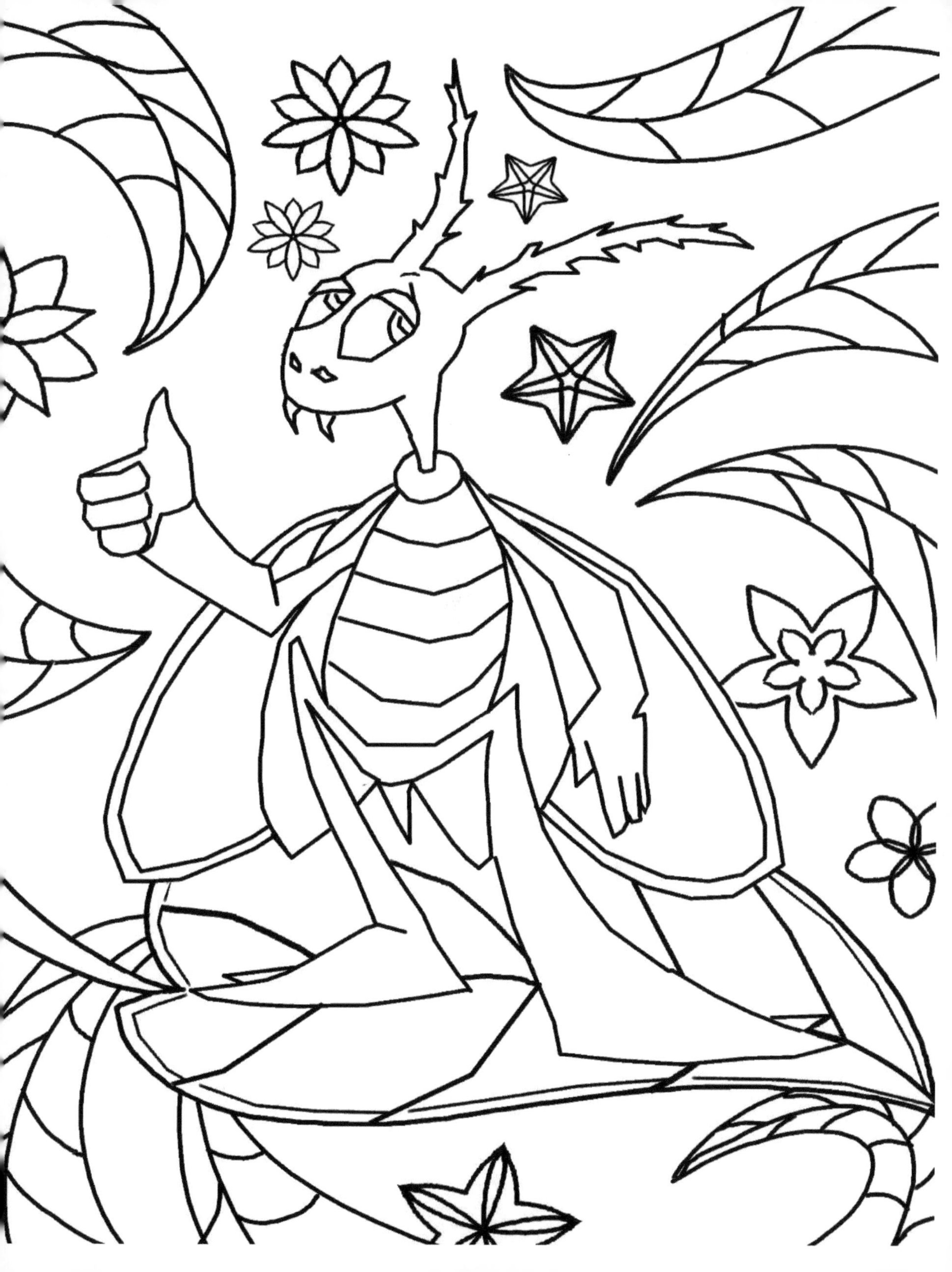

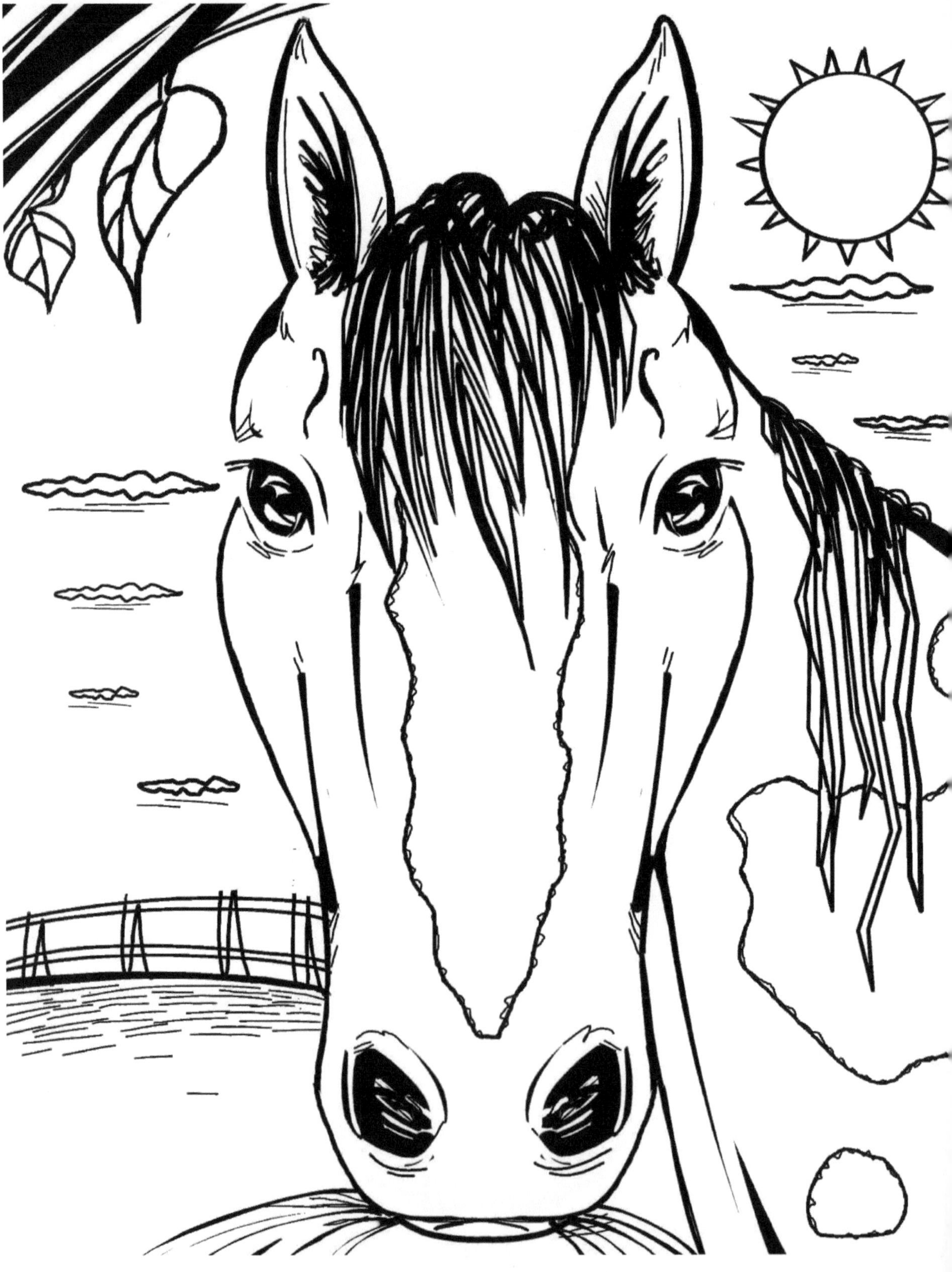

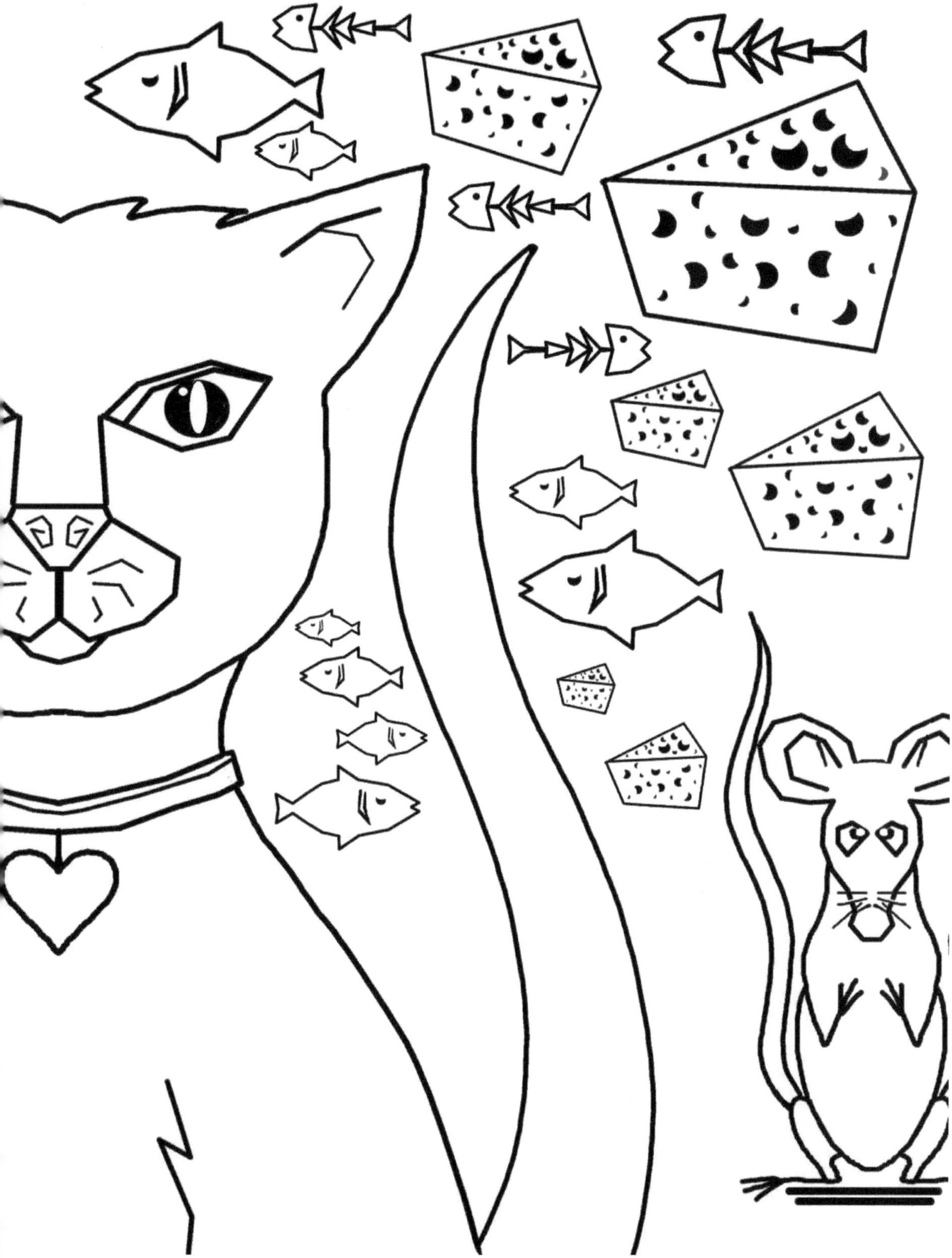

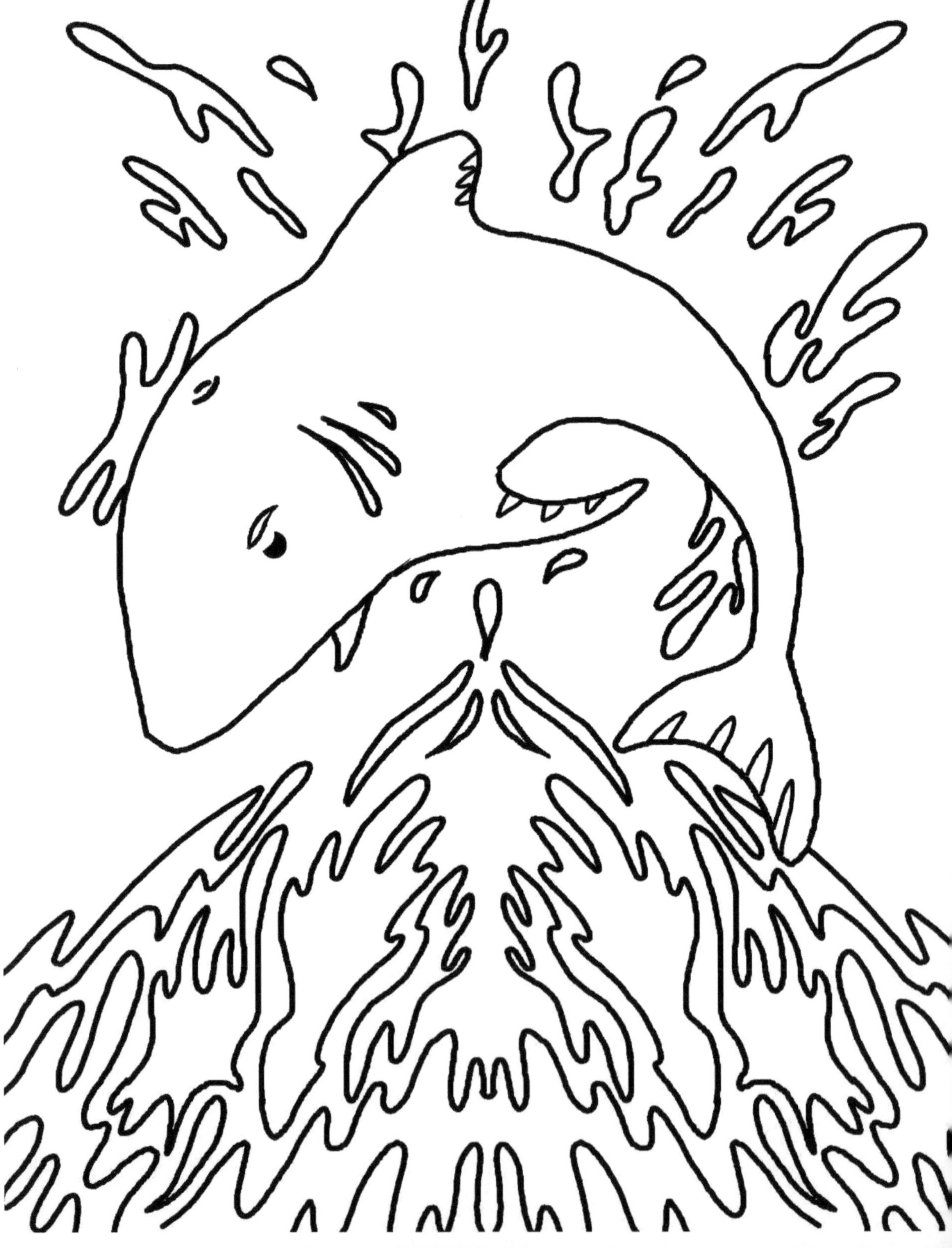

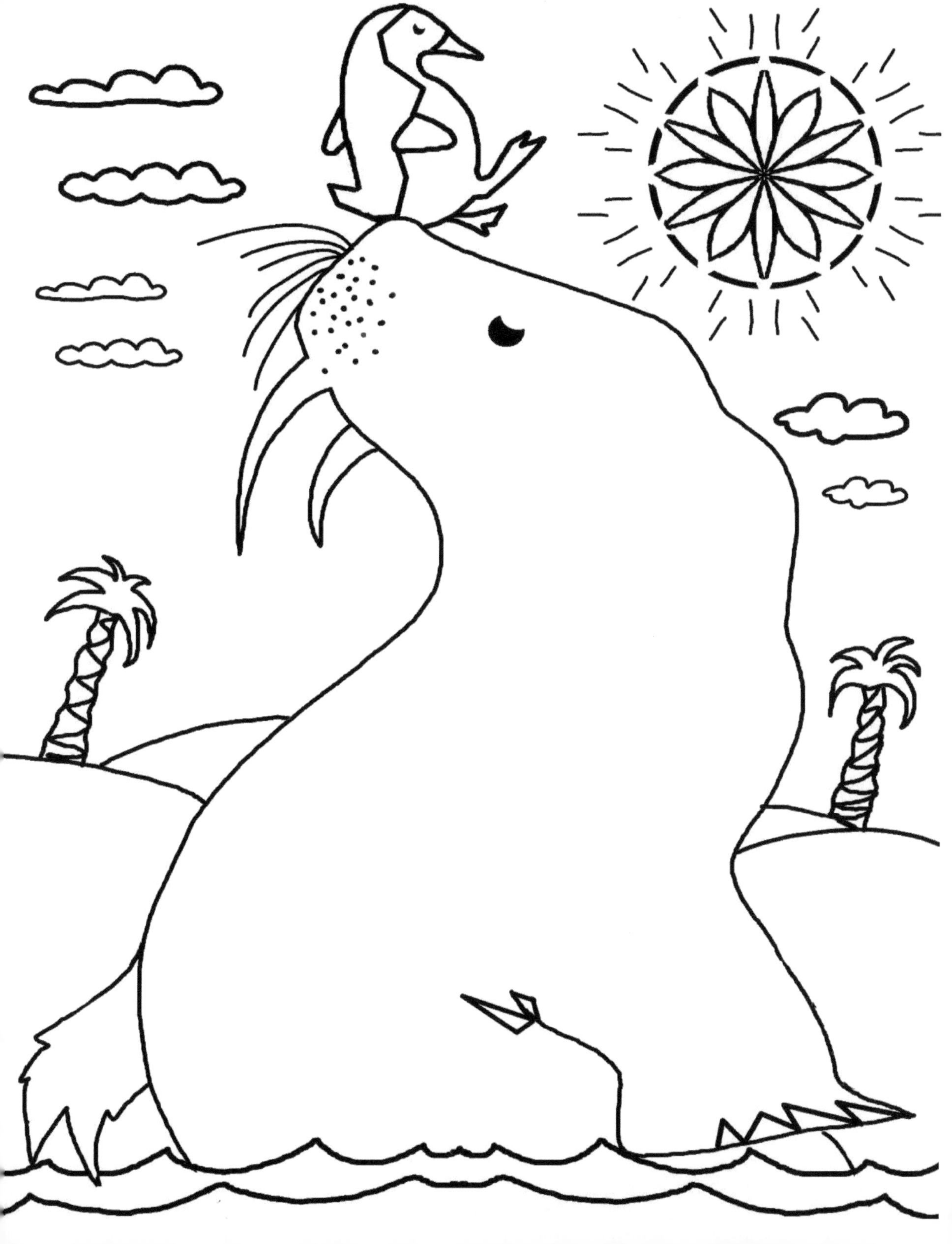

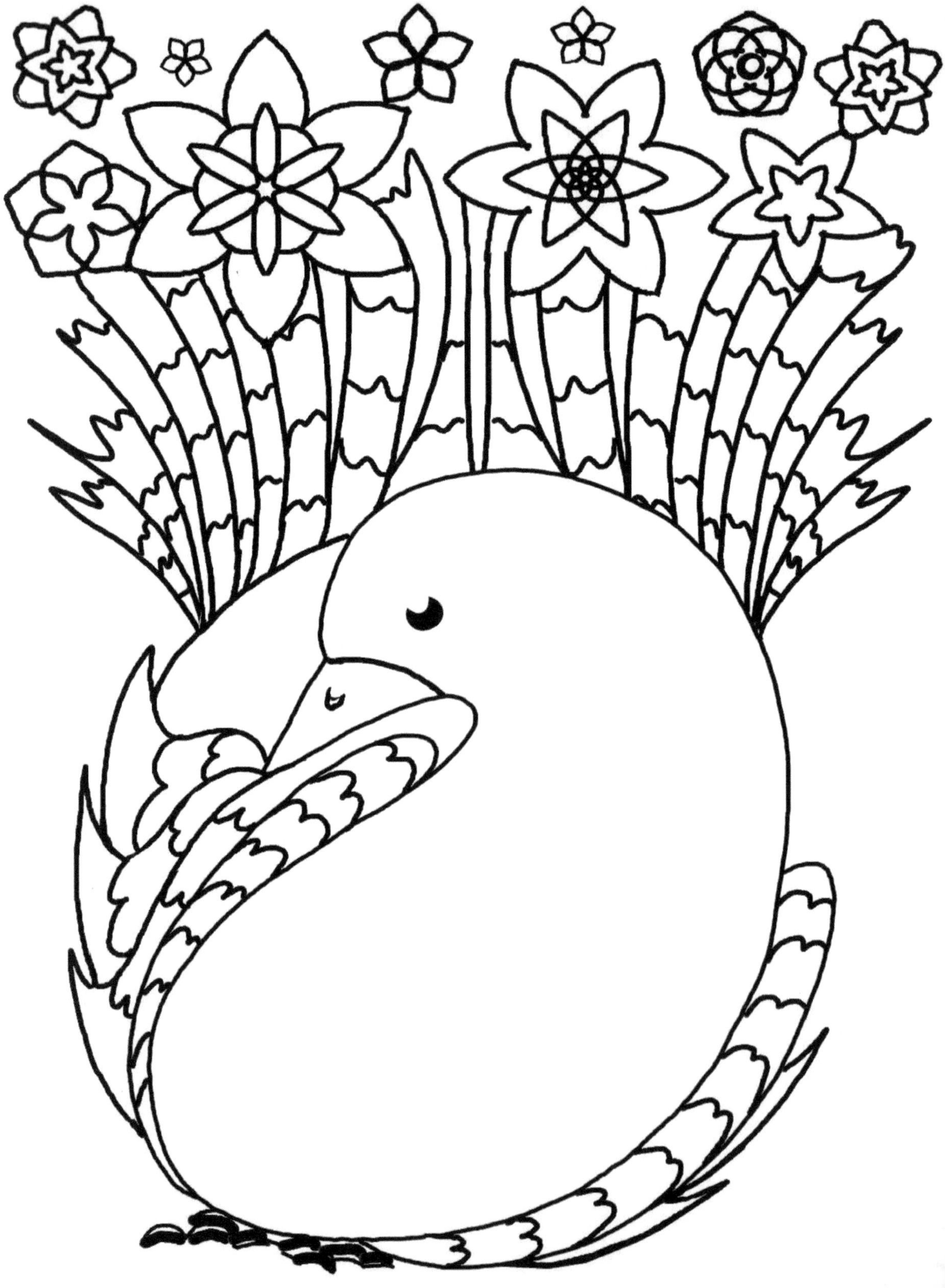

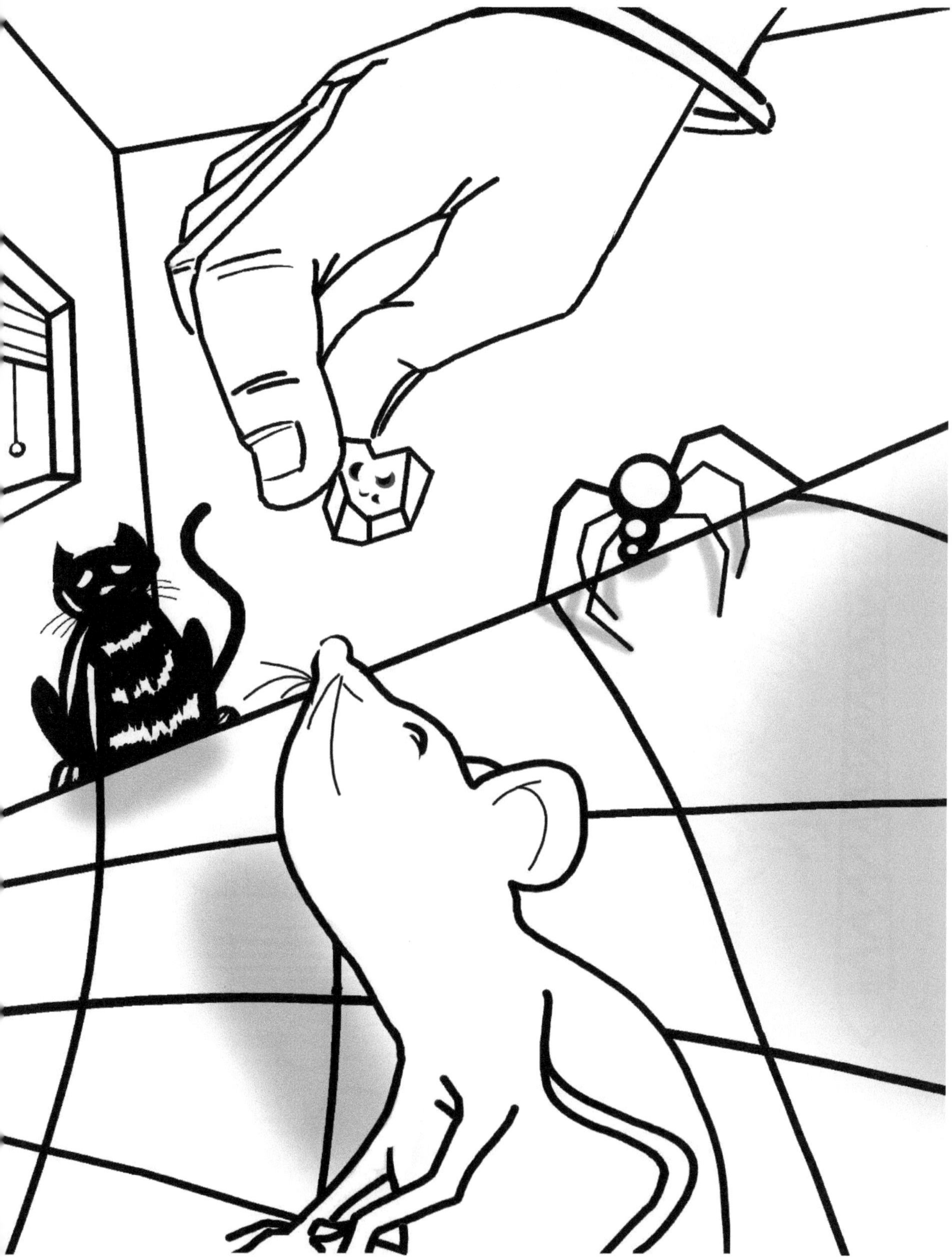

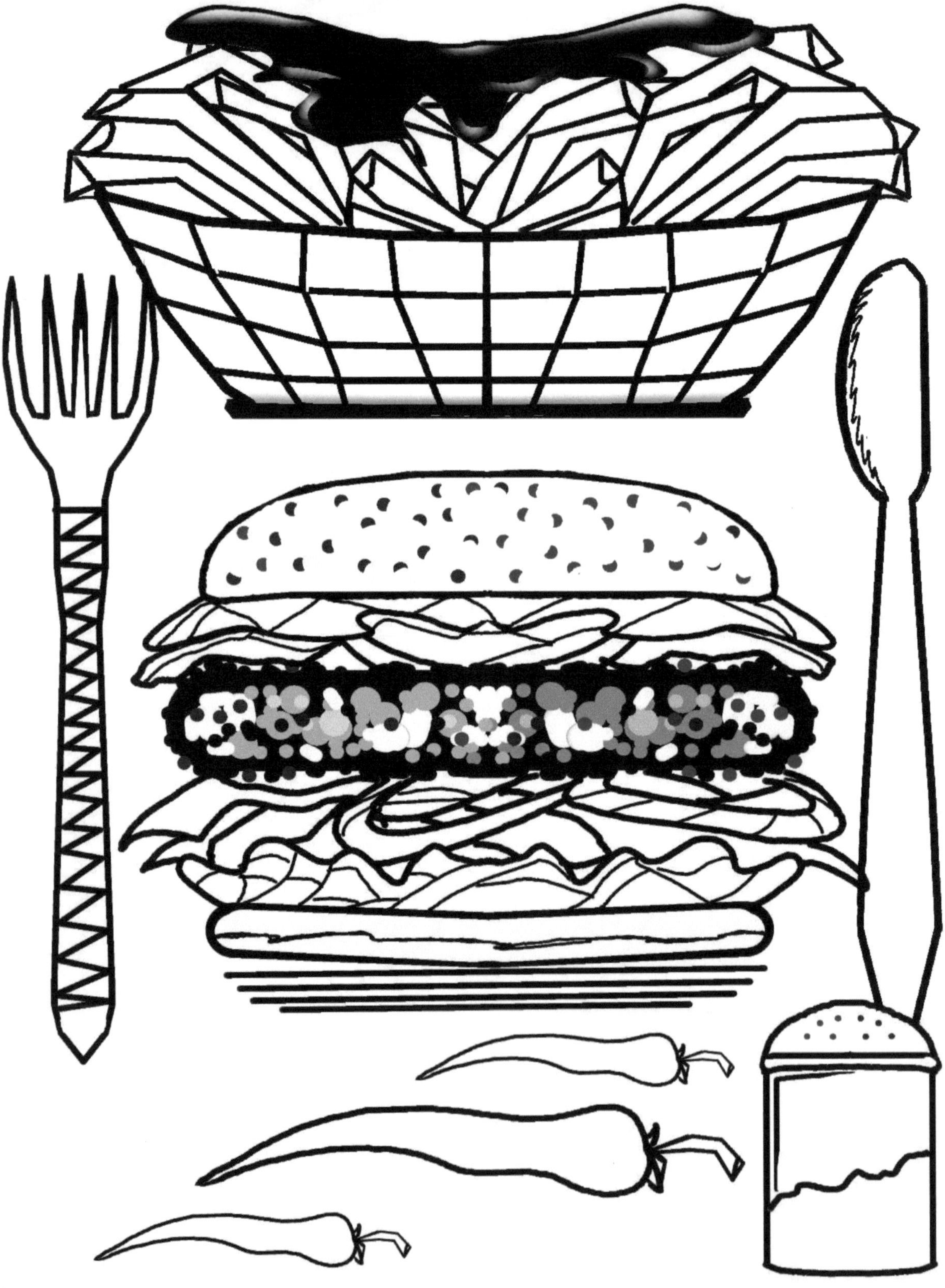

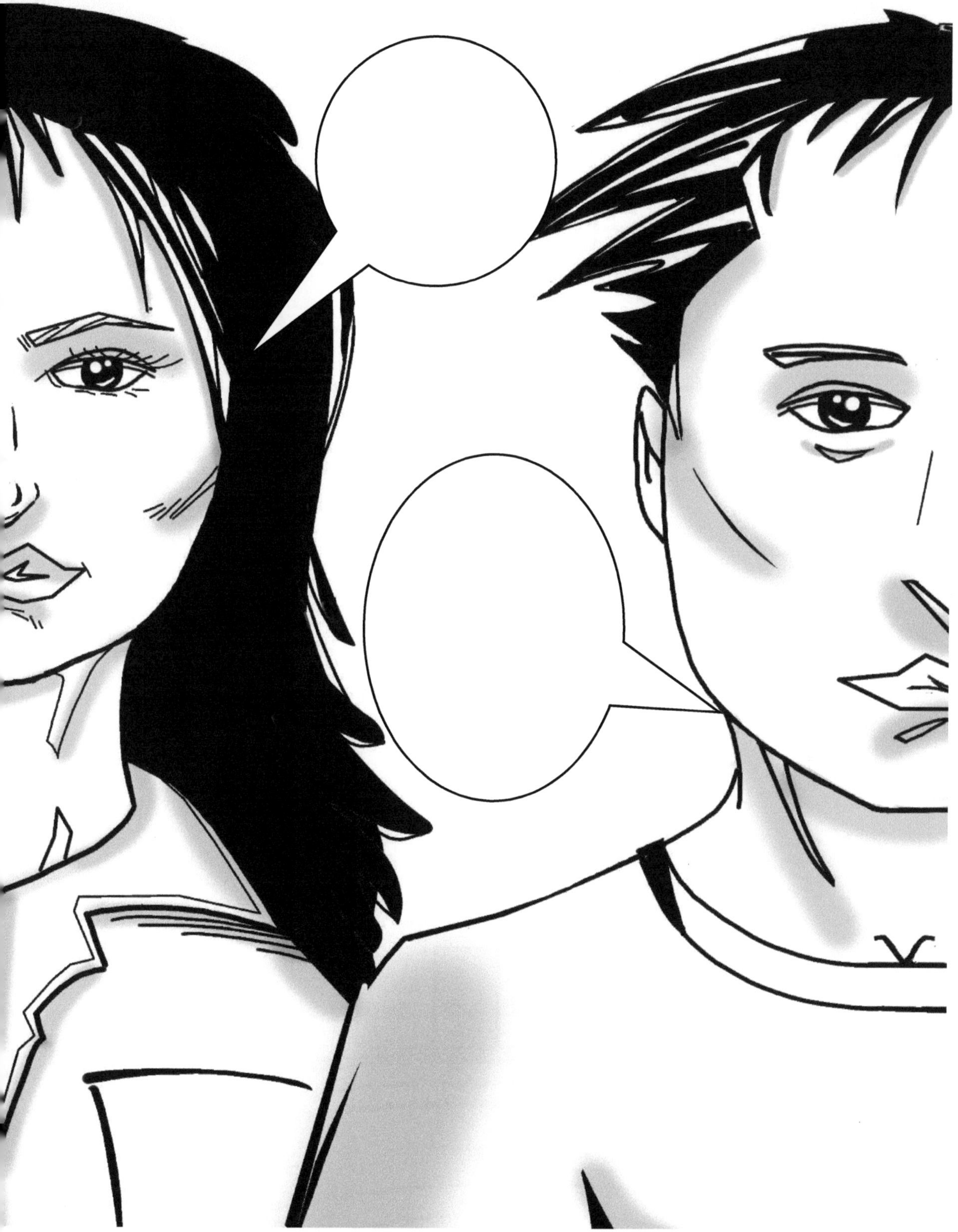

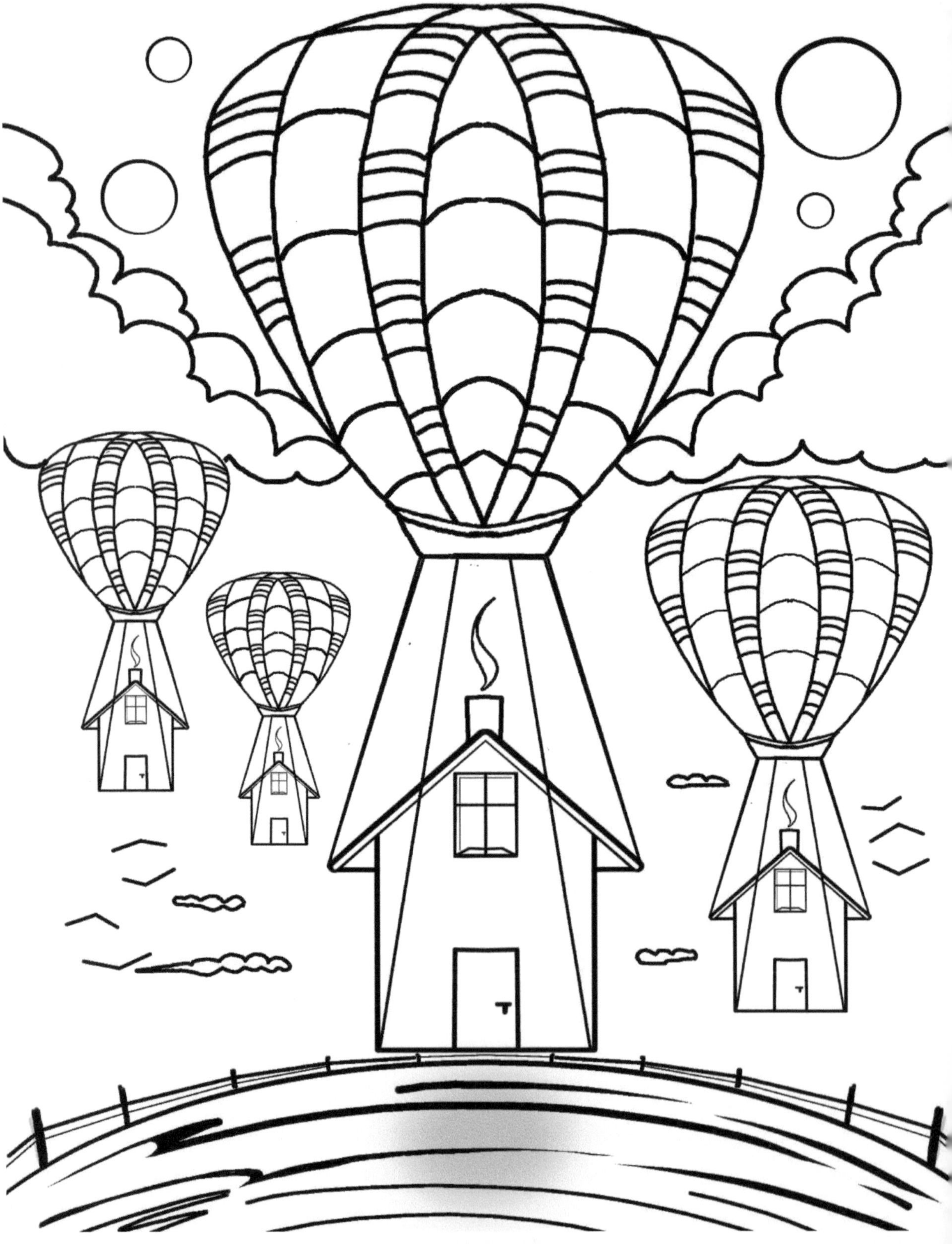

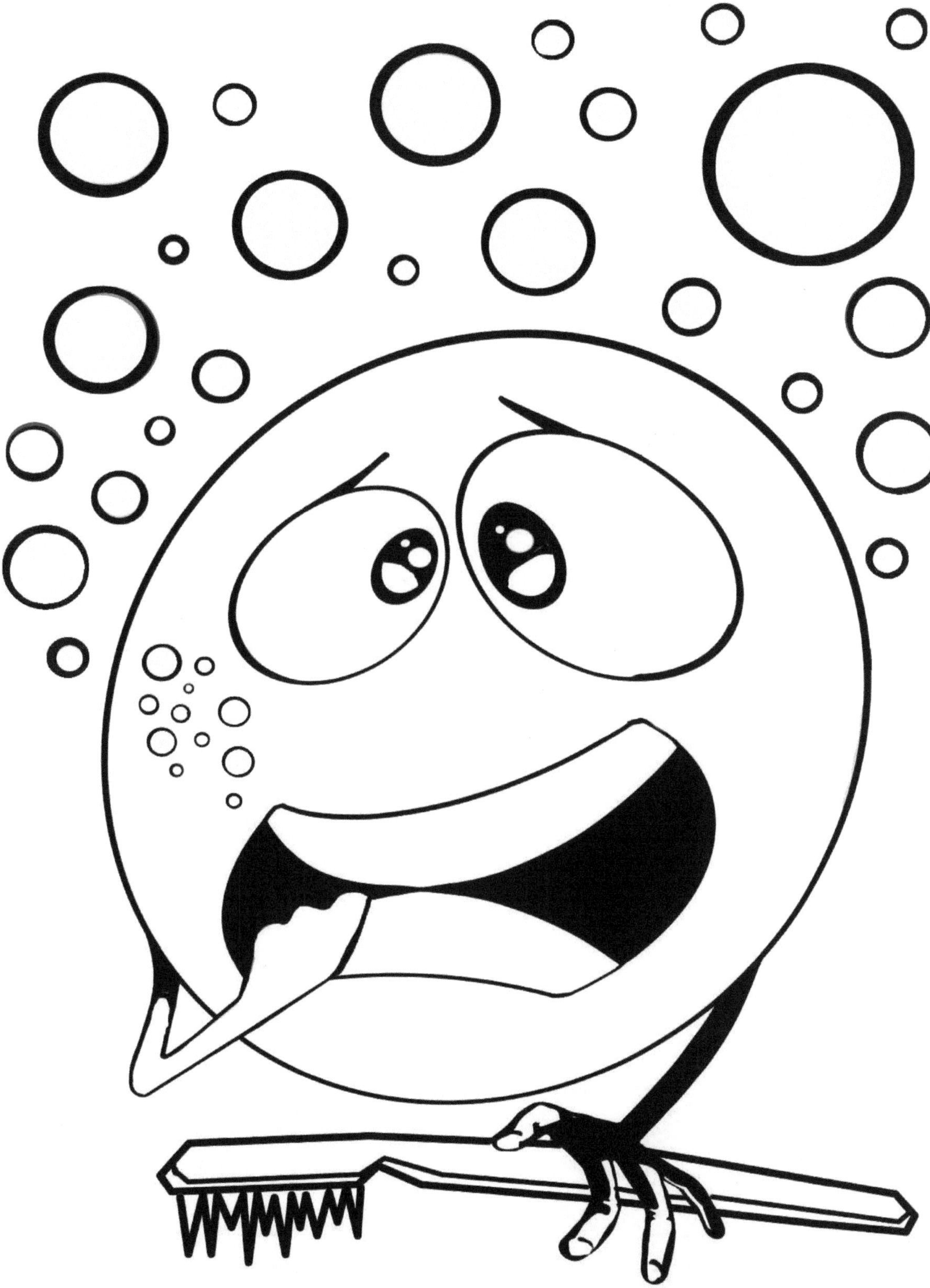

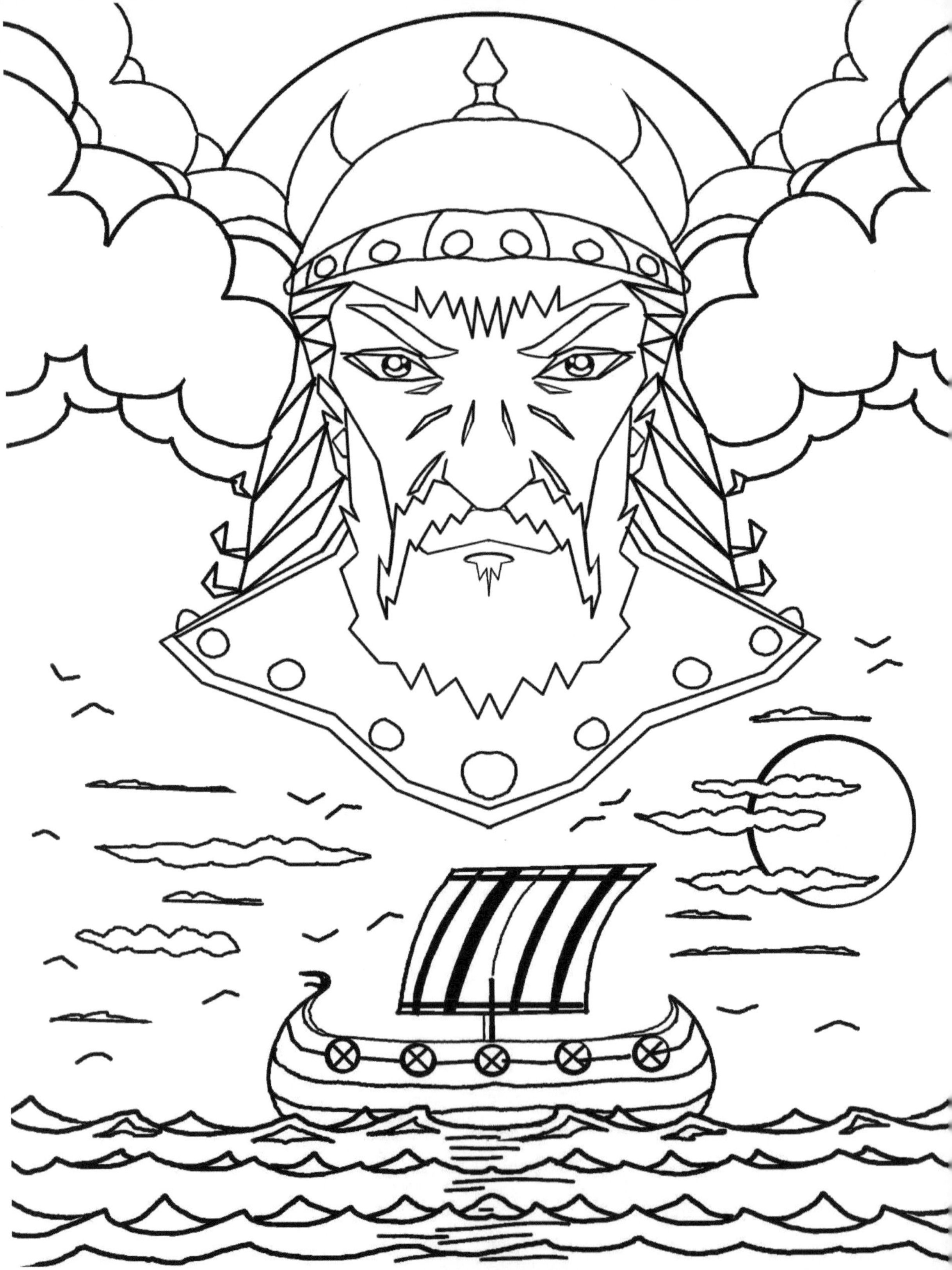

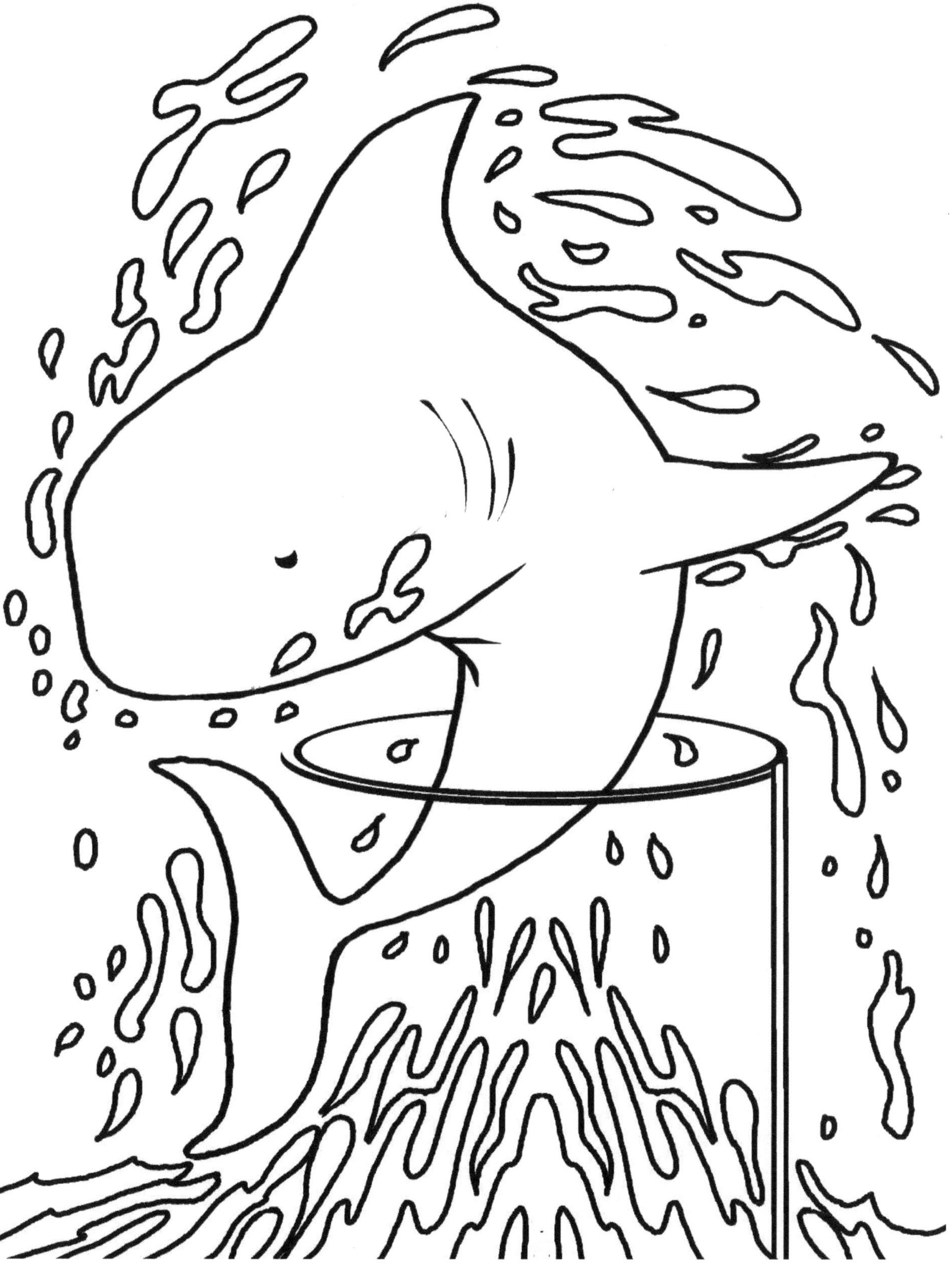

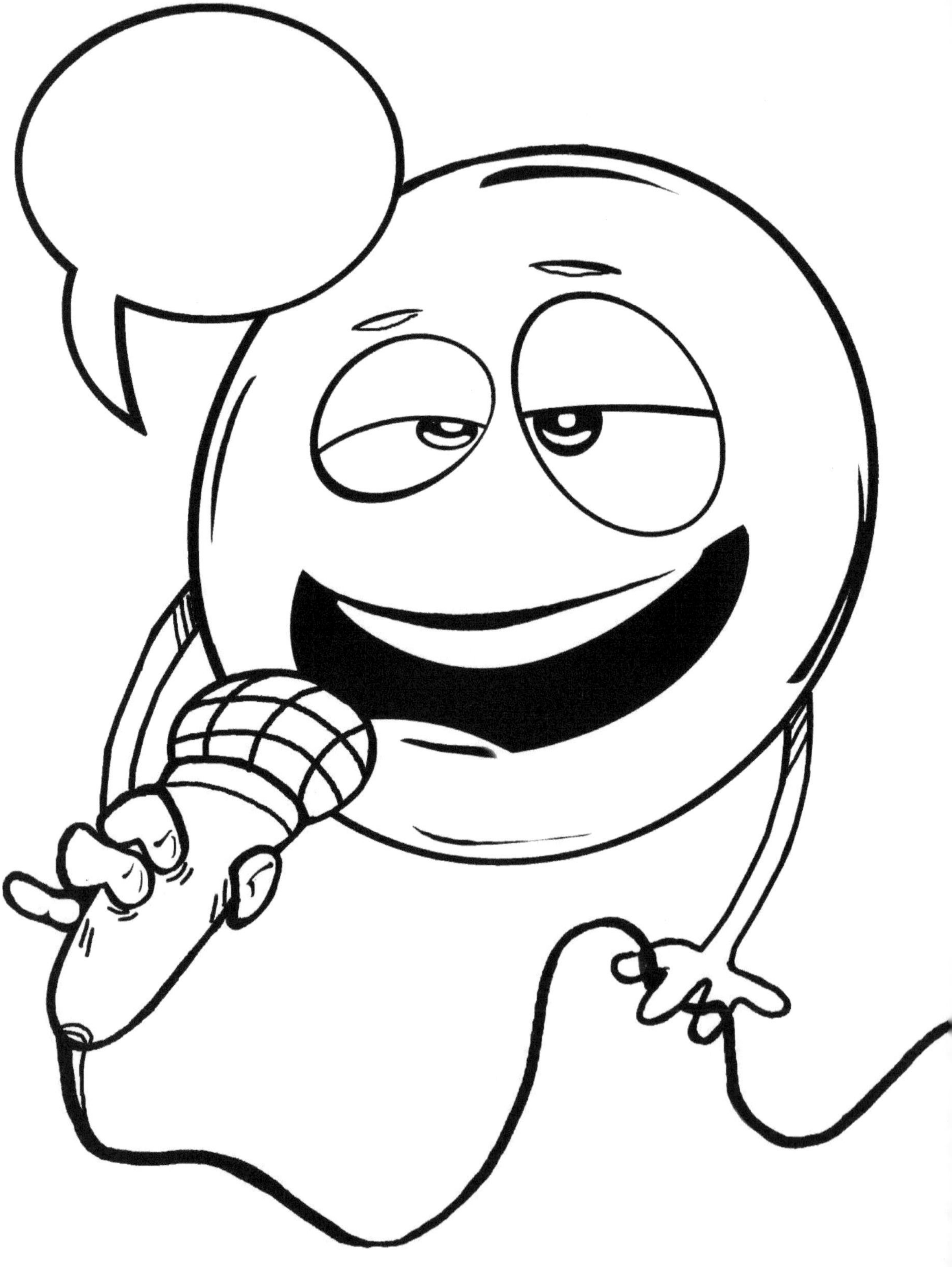

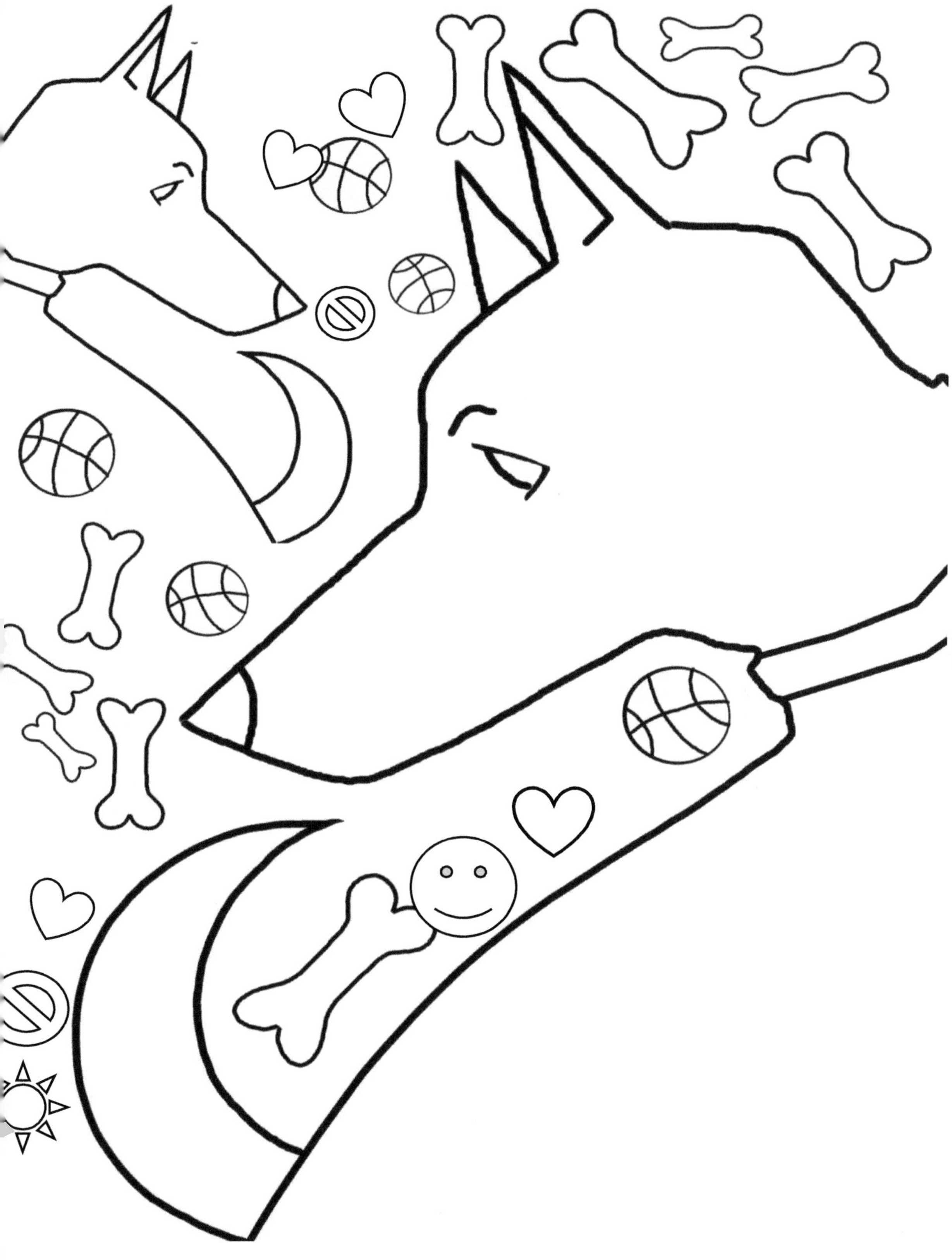

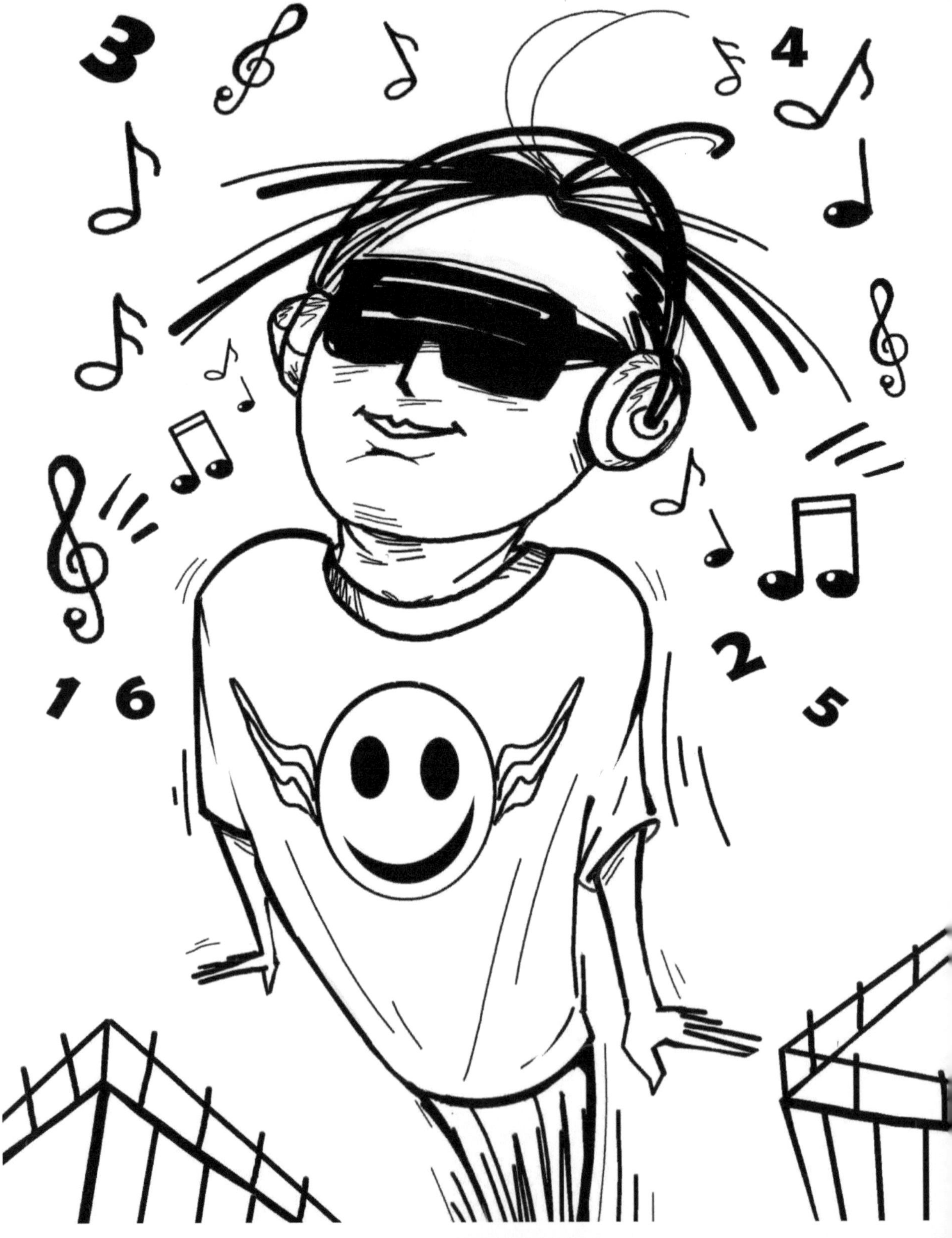
3
4
1
6
2
5

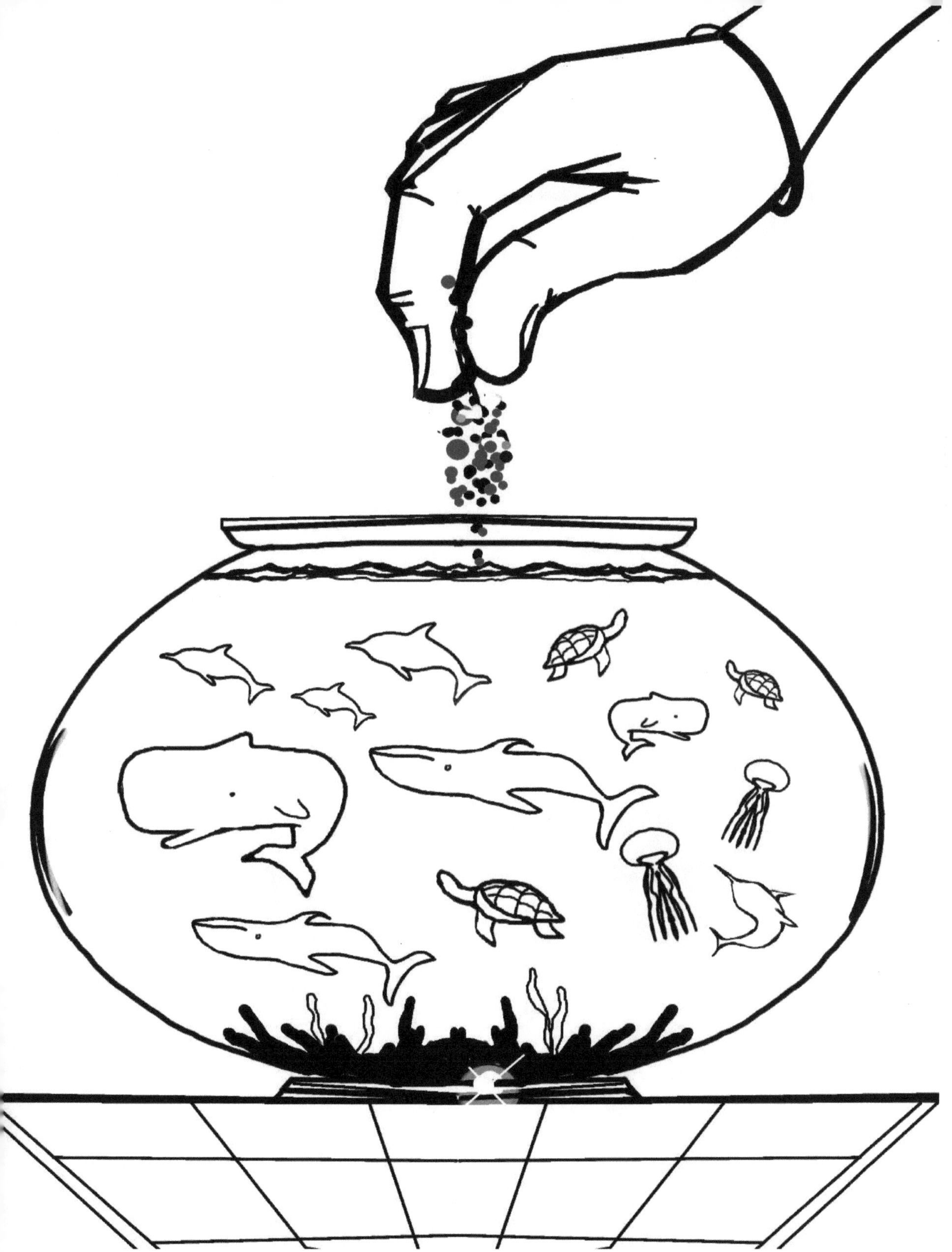

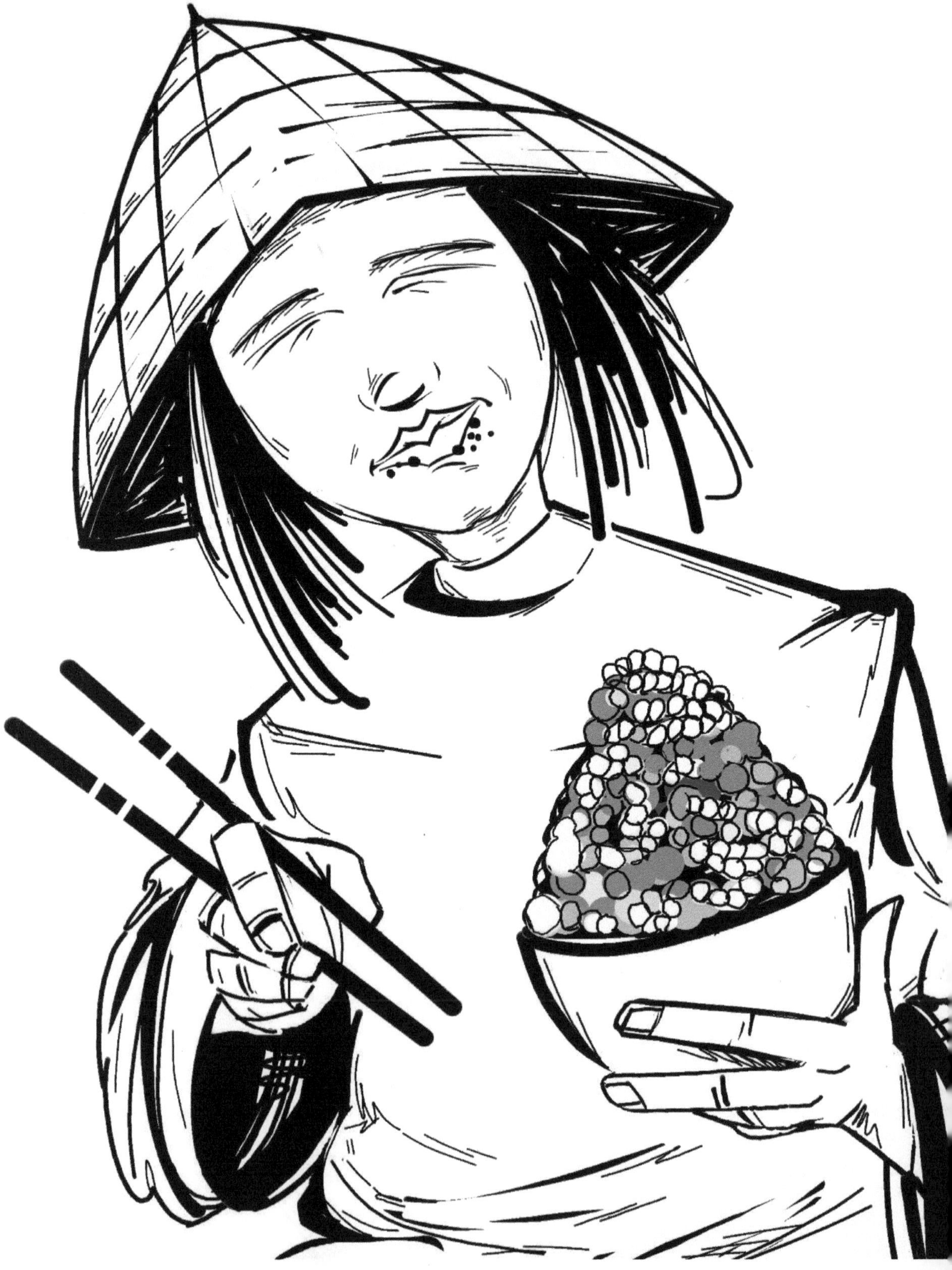